촌놈 생각

촌놈 생각

황성명 시집

세종출판사

••• 어중이 시인의 말

시를 읽는 사람보다
시를 쓰는 사람이 더 많다는 세간의 입방아

참 많이 망설였지만
용기를 내 삶의 일부를 세상에 내 보낸다

모자란 부분에 대한 비판은 겸허하게 수용하며
더 나은 글쓰기를 꿈꾸며 정진하리라 약속드린다

맑은 하늘이 곱다
마음 함께 가려 한다

차례

어중이 시인의 말 / 5

제1부 옛살라비

감꽃 목걸이 ················13
겨우내 ················14
고메 도시락 ················16
길2 ················17
동부레기 ················18
반병 ················19
뚝배기 ················20
뚝배기 꿈 ················22
밥상 인문학 ················24
봄 오는 소리 ················26
붕어빵 ················28
시래기 국밥 ················29
시래기 연가戀歌 ················30
시래기 ················31
억새 ················32
얼럭밥 ················34
옛살라비 ················36
아버지의 등지게 ················38
추석 ················39
자취방 ················40
향수1 ················42

제2부 한뉘

가로등1 ················· 47
가로등3 ················· 48
그림자1 ················· 49
길1 ······················· 50
길가게 ··················· 51
꼰대 ······················ 52
뭐라캐도 ················ 53
남은 3.5시간 ·········· 54
멍에2 ···················· 56
반쪽 도시락 ············ 57
봄밤 ······················ 58
상相 ······················ 59
어디로 ··················· 60
야바우 ··················· 62
어중이 생각 ············ 63
장산 ······················ 68
지하철 대학 ············ 70
지부지처 ················ 72
지하철 소묘素描 ········ 73
편지 ······················ 82
한뉘 ······················ 84

제3부 보암보암

가로등2 …………………………………… 87
5월에 …………………………………… 88
가을걷이 ………………………………… 90
갑질 ……………………………………… 92
공생3 …………………………………… 93
능깽이 숲 ……………………………… 94
달은 ……………………………………… 96
도망 달 ………………………………… 97
도망가는 도시락 ……………………… 98
되돌이 ………………………………… 100
땅농 …………………………………… 102
밥 ……………………………………… 103
벚꽃2 ………………………………… 104
보암보암 ……………………………… 106
봄 처녀 ………………………………… 107
세요고細腰鼓 ………………………… 108
싹쓸바람 ……………………………… 109
안개(잠에서 깨어) …………………… 110
우동천 ………………………………… 111
은행 …………………………………… 112
주소 없는 편지 ……………………… 113
초대받지 않은 손 …………………… 114

제4부 발탄강아지

가리느까 ················ 119
가으내 ················· 120
가을 나그네 ············· 122
가을 ··················· 123
길목 비 ················· 124
나그네 ················· 126
놀림가마리 꿈 ··········· 127
동반 ··················· 135
민들레 ················· 136
버들치 사는 집 ·········· 137
붓방아 타령 ············· 138
보이는 것만으로 ········· 140
산소2 ·················· 141
세시歲時 반칙 ··········· 142
연식年式 ················ 143
울 마나님2 ·············· 144
이런 날에는 ············· 145
장고杖鼓 ················ 150
좋은 생각인데 ··········· 152
표절 ··················· 153

■ **시평** / 문인선 ················ 154
　황성명 시인의 시 세계
　첫 시집 『촌놈 생각』을 읽고

제1부
옛살라비

감꽃 목걸이

닭울녘 눈 비비고 마중 온 덤바우골
울타리 가뿐 넘고 나배는1) 부엉이 눈
수더분한 감꽃 송이 한 아름 주워 모아
알알이 실 꿰매니 부러워라 진주 목걸이

구메구메2) 숨겼다가 따리꾼 되어
단수묘아3) 순이 목 사뿐히 걸었더니
콩닥콩닥 뛰는 가슴 숨길 레야 붉은 볼

먼저 온 돌쇠 놈 멋쩍은 얼굴도
쇠 금파리 반께이 꼬맹이 친구들도
흰머리 감돌아
꿈속의 소풍

구름발치 건너온 막새바람4) 타고
노 저어 미리내 여행 가자는
반백 년 밥상머리 울 마눌님

1) 덤불 속을 뒤지다
2) 남모르게 틈틈이
3) 단정하고 예쁘고 아담함
4) 가을에 부는 신선한 바람

겨우내

겨우내

겨리[1]로 갈아엎은 자드락
소리 없이 찾아 드는 눈설레[2]
반갑지 않은 손님
풀어 놓는 보따리
딴 세상 이바구 좋다

울짱[3] 위 상고대
미울 수 없는 겨울꽃
사랑방 담뱃대 졸리는 시간
달빛 안고 숨어든다
탐하여 가슴에 묻는다

쇠죽 덕 구워낸 고매[4]
가뭇없이 찾아오는
가난한 자연의 미소

[1] 소 두 마리가 끄는 쟁기
[2] 눈과 함께 찬바람이 몰아치는 현상
[3] 말뚝 따위를 죽 연달아 박은 울타리
[4] 고구마의 경상도 방언

다녈밤[5]
대나무 숲
부엉이도 잠들었다

호롱불 아래 영그는[6] 꿈

---

[5] 짧은 밤
[6] 과일이나 곡식 따위가 알이 들어 딴딴하게 잘 익다

고메 도시락

동살 녘
서너 재 넘는 학교 가는 길

꽁보리밥 도시락 놓고 나서는
푸새머리[1] 손주 놈
울러 맨 책 보따리 틈새로
살며시 끼워주는 구운 고메[2] 두어 개
할머니 사랑 법

억산듬[3]
보릿고개 풍경

사랑 꽃
고메 도시락

---

[1] 잡풀이 솟듯 다듬지 않은 머리
[2] 고구마의 경상도 사투리
[3] 두메산골

길2

꽃길만을 걸어온 것도
지난至難한 길만을 지나온 것도 아니었다.

묵정밭 민초
수군수군
알아들을 수 없는 언어로 인사를 한다

서산 나부리[1] 산허리 안기고
사리사리 하얀 굴뚝 연기
푸근한 옛살라비[2] 고향 풍경
가슴 속으로 가만 들어와
스르르 눈가 웃음 함께 잠들어 간다

친구 같은 선후배가 찾으면
막걸리 한잔에 국밥 한 그릇
마음만의 풍요

마을 어귀 골맥이[3] 주막집
탁배기[4] 한잔
나를 반긴다

고향 가는 길

[1] 저녁노을
[2] 태어나서 자란 곳
[3] 마을 수호신
[4] 막걸리 경상도 방언

동부레기

둑방길[1] 따라
난쟁이 억새풀 배불리던 동부레기[2]
하지 않은 코꾼다리[3]
말썽꾸러기 힘자랑에 씨름하던 어린 시절

지랑해[4]
아버지 끄는 달구지 고들개[5] 소리에
귀 밝고 목소리 좋아
순한 사슴 눈망울로
엄매엄매 동요 부르던
내 친구 동부레기

어설프게 그려진
억새꽃 풍경 고향
머릿속 수묵화

[1] 낮은 들판의 수해를 막기 위해 높게 길을 내 쌓은 언덕
[2] 뿔이 날 만할 때의 송아지
[3] 소의 코청을 꿰뚫어 끼는 나무 고리
[4] 해 질 무렵
[5] 마소에 다는 방울

반병

나부리¹⁾ 서산 허리 안기고
마가리²⁾ 마을 아주까리 등 밝아 오면
자드락 떼기밭 일구고
달구지에 업혀 오는 홀치 써레 레기 쇠스랑
더 나은 살림살이 꿈꾸며 졸고 있다

소주병 달랑 들고 엄마 심부름
한 병은 안 되고 반병만 준다
외상이 많단다.
아버지 저녁 반주

찌그러진 조각달 반병
한 병 속으로 쏙 들어가는 환한 보름달
아버지 얼굴
엄마의 내심은
보릿고개 걱정 없는 살림살이

아버지 기일忌日날
옛살라비³⁾ 유년의 추억 여행

길손 맞는
투박한 막걸리 한잔이 좋다

1) 노을
2) 산골
3) 태어나서 자란 곳(고향)

뚝배기

세사世事의 번뇌는 속살에 감추고
고향 집 돌담에 피어나는
이름 모를 꽃이고 싶습니다

지난至難한 삶의 길목에서는
산사에서 흘러나오는 넉넉한
저녁 종소리이고 싶습니다

디딜방아 찧어내는
까칠한 풋보리 삶아
배고픔 잊게 해주는 보시布施이고 싶습니다

기억 속에 사라져 가는
아스라한 고향 향기를
잊지 않게 해주는 뿌리이고 싶습니다

시류에 흔들리지 않는
투박한 자연의 모습으로
천년을 무언無言으로 지키는 장승이고 싶습니다

꼬맹이 적 동무였던 황소처럼

앞만 보고 걸어가는
우직한 민초(民草) 이고만 싶습니다

이런 자랑하고픈
나는
무지렁이만의 뚝배기가 아님이다

뚝배기 꿈

가마 태어남이 가래초[1]
못다 핀 꽃 메아리[2] 끌떡붓[3] 신세
찢기고 깨진다
어쩌다 살아나도 따라지 목숨
산피꽃밭[4] 가장자리 장식품은 되었다

은은한 불빛 아래 못난 얼굴 내미니
뭇사람 찾아와 아름답고 고운 자태라
온갖 수식어 동원한 따리군 찬사

반 천년의 서사시를
산다화[5]의 붉은 정념을
바람 구름 은하수 달도 멋지게 노래하고 싶지만
붓방아 타령

못난 얼굴
그 찬사가 어지러워

[1] 논이나 늪에서 자라는 풀
[2] 아직 피지 않은 어린 꽃봉오리
[3] 끝이 거의 다 닳아서 없어진 붓
[4] 건물, 담, 도로, 경계선 따라 만든 꽃밭
[5] 동백꽃

그냥
찢기고 깨진 깊은 땅속
옛적 고향 친구에게로 돌아가
슬프고 아린 가슴 보듬으며 함께 살고 싶다
그 굴레를 벗어던지고 싶지 않다

시래기 얼럭밥[6] 담는
뚝배기 꿈

---

[6] 잡곡밥

밥상 인문학

풍요가 잉태한 세사世事
망각한 배고픔의 가치

주소도 없는
학교 뒷산 자리한 호롱불 자취방
청과물 경매장 토마토 한 소쿠리 팔고
고등어 몇 마리 사 들고 불쑥 찾아오신 어머니
뚝딱뚝딱 저녁상 차리고는
막차 전 서둘러 떠나셨다
당내
두 번 다시 없을 최고의 밥상

어떻게 찾았냐고 묻지 못했다
몇 시간을 묻고 물어 헤매었을 것을
밥상 앞 돌아앉아
붉어진 눈시울을 몇 번을 훔쳐냈다

첫 월급 타 고향 가는 길
저녁 밥상 앞
아들 번 돈이라 좋아한 미소 뒤
비치는 이슬

꿰맨 흰 저고리 옷깃을 적시었다
우리 어머니

소박한 밥상
실존의 철학을 담아
세상을 바꾸는 꿈의 원동력

밥상의 인문학 자리

봄 오는 소리

뒷산 숲정이[1] 부엉이 울면
진달래 동무 꽃망울로 손 내밀어 인사
보릿고개 넘겨줄 풋보리
파르르 추위에 떨고 있다

초가 담벼락 한 모서리
키 작은 살구나무
먼저 꽃 피워
땅 밑 소리 전해 온다

뒷산 계곡 기스락[2]
버들강아지 움 틔우는
귀 간지러운 노랫소리

묵정밭 억새 사이
상큼한 달래 내음
벌렁대는 주먹코

어제

[1] 마을 근처에 있는 숲
[2] 기슭의 가장자리

내린 봄비에 묵은 맘 씻어내고
맞는다
산사의 저녁 종소리 함께
봄 오는 소리를

두 손 모으는 내일의 풍요

붕어빵

나무 한단 머리 이고
오일장 나선 어머니

짚신 신고
장승고개 넘어 10리길

싸리 문밖 어둑발 내리면
돌아오시는 발걸음 소리 껌새챈 멍멍이
신나서 꼬리 흔들며 내달음

뒤따른 아이

품속에서 꺼내
살며시 쥐여주는 붕어빵 하나

시래기 국밥

우시장 옆 후미진 곳
수더분한 할멈의 거친 손
시래기 국밥집

오일장 끝물 낸 투박스런 민초네들
막걸리 반주 삼아 후루룩 넘기는 시래기 국밥
서산 넘는 노을이 잠시 쉬어 가잔다

장승 고개 맞이하는 어둑발 서녘 바람에
등지게 장단 맞춘 육자배기 한 수는
사립문 밖
지팡이 짚고선 마눌님께 드리는
할아범 소야곡

시래기 연가戀歌

가마솥
시래기 한 아름

숙설간熟設間 뒤
어른 키 장독 열고
참 박 바가지 하늘 높이 된장 퍼내
장작불에 끓어낸 할머니 표 시래깃국

대청마루 남포등 밑
둘러앉은 가족
사나흘 배 불리던 보릿고개 보물

골목 시장 후미진 곳
뚝배기 속
빼꼼히 고개 내밀고
손님을 기다린다

하릴없는 오후 한때
할머니 꾸벅꾸벅
따스한 햇볕 속 시래기 하품

시래기

무시¹⁾ 장다리 꽃밭
꿀벌들의 둘레 춤²⁾ 접고
노래 향연도 끝나
시들 방귀³⁾ 무시 잎 고이고이 엮어서
초가삼간 추녀 아래 줄줄이 매달았다

사랑방 짜른대⁴⁾ 싫다 않고 겨울나
진주 목걸이 저리 가라 빛났던 호호好好 시절
보릿고개 넘어서는
꽃 중의 꽃이었다

4대가 오순도순 배 채우던
구수한 된장
시래기 온기 속
얼럭밥⁵⁾ 한 그릇

빛바랜 일기장

---

1) 무의 경상도 사투리
2) 꿀벌들이 근처에 꽃밭이 있다고 알려 주는 춤
3) 시들한 사물을 우습게 여기는 말
4) 할아버지의 담뱃대
5) 잡곡밥

억새

나무떠거리[1] 차고앉아
가라지[2] 된 억새 삼간
아련한 지난 세월 달님에게 내어주고
온전치 못한 가슴 헤쳐 그리움 달랜다

옛살라비[3] 민둥산
화전 밭 일구었던 정다운 이웃 떠나간 자리
안개 바람 찾아와 억새꽃잎 날린다

밤마실 풀벌레 교향곡
온몸 운동 등갱이[4] 바람
갈증 달래는 는개
외롭지 않은 억새꽃

된 새벽[5] 잠 깨어
상처 난 별의 시린 가슴 보듬으며
살랑살랑

[1] 크지 아니한 나무들이 한곳에 모여 난 무더기
[2] 밭에 나는 잡초에 비유하여 별 볼 일 없는 곁붙이
[3] 태어나서 자란 곳
[4] 산의 등줄기
[5] 이른 새벽

고운 손으로 별똥별을 쓴다

화사한 철쭉꽃이 산자락을 휘돌아 감는
그날을 기다리며
아스라이 흐르는 미리내[6] 가슴 안고
그대 잠든다

[6] 은하수

얼럭밥

굴티이[1] 물기 있는 곳
손바닥 크기 논
한 줌의 쌀은 보물같이 아껴 둬
할아버지 제사용

자드락 농사
얼럭밥[2] 도시락
읍내 친구 쌀밥 도시락에 부끄러워
찬장 한켠 숨겼다

어깨 멘 보따리 책보 달랑
도시락 놓고 싸리문 나서는 어린 손자
마중하는 할머니 지팡이
달구리 학교 가는 길 풍경

몰래 숨어든
삶은 고구마 감자 큰 밤톨
서너 재 넘는 고갯마루
마라톤 등굣길 허기 막이

[1] 산골 구석진 골짜기
[2] 잡곡밥

할머니 표 도시락

구메구메 숨겼다
씨익
짝지 순이에게 슬그머니 큰 밤톨 하나

휘자진 얼럭밥 추억
그립다

옛살라비

수줍은 맘 숨기고
훔훔한 연인 되어 반겼다
산자락을 휘돌아 휘자져¹⁾ 있었다
굴티이²⁾ 마다마다
자드락 마다마다에

울타리 사이사이 살구꽃 봉숭아꽃
싫지 않은 가래초³⁾ 향기는
코끝 나그넷길

등성이 넘을 때
남실바람 마실 나와 이마 땀 씻고
사랑싸움 산새 노래
진달래 입 맛 다셨다

묵정밭 한켠에 초가삼간
작은 솥 하나 걸어 보는 숫보기 꿈
낚시하는 작은 연못도 하나

¹⁾ 꽃이 한창 피어 아름답다
²⁾ 시골 구석진 골짜기
³⁾ 밭에 나는 잡풀

감돌아[4]
꿈속에서만 맞대는 내 고향
닿지 않는 만지장서滿紙長書사연 보낸다

이름 모를 마가리 마을
저녁 나부리[5]

---

[4] 생각 따위가 눈앞이나 마음속에서 사라지지 않고 자꾸 아른거리다
[5] 노을

아버지의 등지게

초가삼간 낙숫물 방울방울
한 많은 아리랑 노래 읊고
지친 짚신
낮잠을 잔다

사랑채 모퉁이
양어깨에 업혀
한낮
졸고 있는 아버지의 등지게

지난 발자국은
깊게 팬 주름살의 미소 골짜기
누구 알세라 가슴으로만 운다

머릿속
사진 한 장

추석

뒷산
손바닥 밭뙈기 언덕
밤 대추 익어간다

앞뜰
겨우 한 섬 논 자락
벼 고개 숙인다

돌 섶 옆
가을 노래 귀뚤미 집 짓고
처마 밑 제비
집 떠날 준비 한다

지난날의 그리움 속
옛살라비
일 막─幕의 풍경

추석이다

자취방

석유 내음 속 호롱불
시골 촌놈 부산으로 유학
학교 뒷산 골짝 판잣집

비 오는 날
방안 울리는 낙숫물 소리
가마니 문짝 앞으로 흐르는 개울
아래로 마실 가는 오물 향기
등하교 예쁜 여학생
부끄러워 얼굴 한번 내밀지 않았다

달 밝은 밤
귀뚜라미 울고
맞추어 가락 뿜어내던
내 불던 통수 소리
눈물 자아낸다는 귀여운 항의 속
달래는 향수도 잊어야 했다

그리움으로
수채화처럼 휘감기는 유년의 추억

마음의 부자로 남아
아름답게 가꾸는 밑 둥

넉넉함을 갖게 해 준
최고의 선물

향수1

소소리바람¹⁾ 꽁무니 뒤따른 명주바람
자드락²⁾ 잔설로 목마름 날리고
고향 뒷산 기스락³⁾ 찔레꽃 피웠다
버들강아지 입에 물고 보리피리도 불었다
덤바우골 등성마루 부엉이 날며 울었다

짚신 삼아 꼴망태 메고
개똥 쇠똥 주우려
달구리⁴⁾ 전前 삼이부제⁵⁾ 나뺐다⁶⁾
산두베⁷⁾ 키워냈다

부끄럼 없는 물장구놀이
반실⁸⁾의 예쁜 소문은
봄바람에 실려 온 전반도리⁹⁾ 순이 냉가슴
꿈속에 잠든다

1) 이른 봄에 살 속으로 스며드는 맵고 찬 바람
2) 나지막한 산기슭의 경사진 땅
3) 기슭의 가장자리
4) 새벽닭이 울 무렵
5) 온 동네
6) 덤불 속을 뒤지다
7) 밭에 심는 벼
8) 디딜방아 간
9) 땋아 늘인 머리채가 치렁치렁 흔들리다

서낭당 고갯마루 우뚝 선 골맥이[10] 장승
늦은 밤 길손
귀신 싸워 이김 달라는 두 손 모음은
몽구리[11] 헛소문

아스라이 흐르는 봄바람
한 장씩 넘겨
눈감아 펴보는 해묵은 일기장

---

10) 마을 수호신
11) 중을 얕잡아 일컫는 말

제2부
한뉘

가로등1

살아 있다는 것을 잊은 사람도
살아간다는 것을 잊은 사람도
모든 이 잠든 시간에
새벽
지하철 첫차를 타 보세요

첫 지하철 캠퍼스 안에는
움직이는 가로등 대학이 있습니다
멋진 강의실도 명강의 교수도 없습니다
꼬부랑 원서도 없습니다
배움을 주는 가로등만이 즐비합니다

가로등 대학
소시민의 미소로 되받아
행복을 머금는 우리 모두
멋쟁이 철학자가 되어 갑니다

그냥
아무도 모르는 척
침묵합니다

아름다운 이 세상을

가로등3

손수레 끌고 앞서는 할아범
굽은 허리 뒤뚱이며 뒤따르는 할멈
한밤중
졸다 놀란 가로등 미소

오늘도
가로등 등대 삼아
만滿 수레 희망

절뚝이는 손수레 앞세운
한 봉지라면 눈에 서린다

그림자1

누구인가 알까 말까 한 거리
늘어진 어깨
구부정한 허리
백발 대머리 씌운 모자
더하여
반갑다 손짓하는 지팡이까지

점심 약속한 꼬치 친구 모습으로
나를 읽는다

그의
그림자로

길1

고향 뒷산 만댕이
억새꽃 사이로
지난
세월 바람이 찾아왔다

맺힌 가슴의 강물은
막새바람[1] 타고 소풍 떠나고
어느새 백발을 헤아린다
붓으로 꽃밭 일구는
어중개비[2] 글쟁이라도 되고파
곱게 접은 낙엽 함께 만지장서滿紙長書 보낸다
나에게

피죽바람 보릿고개 넘어
한 점 부끄럼 없었던
지각 대장 나의 길

그리고
아름다운 늦깎이의 길

---

[1] 가을에 부는 신선한 바람
[2] 잘하지도 잘못하지도 않는, 어중중한 것을 비유하는 말로 동부 경남에서 많이 사용한 방언 (필자)

길가게

열여덟[1] 꽃샘바람
콩밭 매던 물쿠는 여름날
막새바람[2] 보내고
소용없는 비닐 막이
갈 매운[3] 겨울

휴일 없는
옆집 할멈 야채 가게
이름표가 없다.

눈앞
그려진 손자놈들 얼굴

그 이름표

---

[1] 열 여덟
[2] 가을애 부는 시원한 바람
[3] 겨울 날씨가 따가울 만큼 차갑다

꼰대

손전화 소리
모임에 오지 않았냐는
반백 년 훌쩍 넘긴 친구 목소리

나를 잃어버리는 것 같아
오래전부터 버린 문명의 혜택
이러나저러나 꼰대
아직은 손해를 본다

편리함
가까이하지 않는지 오래
어쩌다 곤란한 경우도 몇 번
아랑곳않고 굳건히 지키고 있다

시류에 흔들리지 않고
바람 실은 낙엽 따라
먼 미리내 여행 가는 날까지
이런
나를 지키려 한다

꼰대

뭐라캐도

니 머라캔노
누가 머라캐도¹⁾ 시답다²⁾

옹송옹송 먼저 간 영감
신산辛酸스러웠던 지난 세월

올가망한³⁾ 주름
한갓진 미소

초가삼간 등마루 걸터앉은 박꽃
소풍 나온 달님

삼베 치마저고리
우리 할매 아리랑

1) 무엇이라고 하여도
2) 마음에 차거나 만족스럽다
3) 마음이 편하지 못하다

남은 3.5시간

아침 일어나 창문 열고
문득
하늘 쳐다볼 수 있는 시간을 계산했다
3.5시간[1]

이 시간에

학창시절 꿈이었던
안데스산맥을 두 발로 올라
잉카의 옛사람을 만나 포옹하고 싶다
그리고
자연의 위대함 앞에 겸손의 한 수를 배우고 싶다

시베리아 횡단 열차 속
언어 피부색 다른 여행객 만나
만국 공통어로 대화하며 보드카 한잔 나누고 싶다
그리고
아름다움의 인생 종착역을 알고 싶다

---

[1] 24시간÷85년×12.5년=3.5시간(24시간을 앞으로 살 수 있는 예상 햇수로 곱해 시간으로 계산)

천상열차를 타 라싸로 가고 싶다
오체투지 하는 투박하고 순박한 사람들 만나
소통되지 않는 언어로 한마디 인사를 나누고 싶다
그리고
인간이 존재하는 까닭을 사유하고 싶다

맑은 물 졸졸 흐르는 깊은 산골
양지바른 곳 둥지 틀고
자연 벗하며 글 읽고 쓰고 싶다

걸을 수 있는 지금에
혼자서
한 잎 바람 타고
미리내[2] 여행 가는 날까지

---

[2] 은하수

멍에2

마쳤다.
삯 갈이¹⁾도
늦가을 보리 파종까지도

등록금 위해 오일장 나선 순둥이
순한 눈망울에 비치는 이슬
지 새끼 음매 소리에
사립문에서 버틴다

이까리²⁾ 잡고 앞선 봇짱³⁾
어험어험 아부지 헛기침 소리

우시장 구석진 선지 국밥집
탁배기 한잔에 담기는 아부지 멍에

서산재 넘는다

1) 삯을 받고 남의 논밭을 갈아 주는 일
2) 쇠고삐 줄
3) 철부지

반쪽 도시락

학교 뒷산 중턱 산동네
무허가 판잣집 한 칸
지붕 사이 스며드는 달빛 한 자락
석유 등잔에 넝뚱쟁이[1] 낙숫물 소리
멧부엉이[2] 자취방 풍경

쌀 두어 박에 작은 김칫독 하나
시골서 동행한 한 달 치 생명 줄
산동네 부잣집 간장 슬쩍슬쩍
능깽이[3] 할머니
양심의 용서 받았다

시어 빠진 김치마저 떨어져
쌔비[4] 온 간장에 버무린 반찬 없는 도시락
분담받은 빡빡머리 친구들
김치 단무지 두어 쪽 쉬이 내어놓았다

머릿속 지워지지 않는 기억
풋풋한 잡풀 향기 꽃 피우는
가슴에 묻은 상상 속 고향

숨 쉬는 반쪽 도시락

[1] 여름 장맛비를 빗대어 이르는 말
[2] 어리석은 시골뜨기
[3] 알면서도 모르는 척 시치미 떼다
[4] 남의 물건을 훔치다

봄밤

소곤소곤 아장이며
모종비 오는 소리
생색이 싫어 살며시 얼굴 내민다

붓 들었네만
한 글귀도 쓰지 못하는 상념
버선발로 다가오는 꽃잎 지는 소리

손바닥 농막 안
졸고 있는 호롱불

지나는
나그네 남녘 바람

나도
함께 데려가려무나

상相

평범한 생활을 벗어난 사람
세간 손가락질로 오르내리는 사람
더덕더덕
그렇게 사기 꽃으로 태어난다.

어느 날
대학 후문 감자탕 전문점
부처님들이 계셨다
저렇게까지 평온해 보일까

참 오묘하다
내면의 세계가 외면으로 보이는 것이
그것을 알 수 있음이

언제부터인가
마음속 부처가 보였다
놓을 수 없는 잔상

내 마음에 보이는 타인의 삶
열지 못하는 눈

어디로

흔줄둥이[1] 막내 딸내미 아파트 앞
보따리 가득가득
정구지[2] 삐뚤어진 호박 깨이파리 꼬치 한 주먹
한낮의 햇볕에 졸음 하다 시들고 있다

그을린 얼굴에 주름이 가득
거친 손마디 고무신 반백의 할멈
기다림에 지쳐
또
초인종 누른다

애잔한 눈
경비아저씨
열리지 않을 문임을 안다

"노모 업고 꽃놀이 간다
나뭇가지를 꺾는 노모
돌아올 때 길 잃지 않으려고"[3]

[1] 마흔 줄에 태어난 아이
[2] 부추의 경상도 방언
[3] 어느 노래의 가사 중

병든 숲은
뿌리가 하늘을 향해 자라고 있다
안으로만 흐르는 눈물
주름진 사잇길로 바람이 지난다

그대
어디서 왔다
어디로 가려나

야바우

비행기 만드는 기술자
아부지 따라
부관釜關 연락선 타고
오륙도 넘었다

퇴근길
탄 가루로 꽃 피운
부두 타워크레인 운전수

그 옛날
우리 엄마 아부지
야바우[1] 신랑 신부 이야기

---

[1] 야바위

어중이 생각

1
설날 아침
남은 2.8시간[1]
침묵 속 미소로 맞는다

보일 듯 말 듯
시골 시인농장 이름표 달고
자연의 품 안으로 간다

그러고는 생각이 멈췄다
그냥
잊히고 싶다

계획 없는
여행을 떠날 것이다

---

[1] 85년생을 24시간으로 환산한 남은 10년의 세월(24시간÷85년x10년=2.8시간)

2
벽두부터
등 뒤에서 불어대는 댑바람[2]

시골 시인농장 이름표를 휩쓸고 갔다
끙끙 이며 일으켜 세운다

나이 탓
근심의 눈빛
훌훌 떠난 마음인데

아직
존재하는 저항
중용 배우는 논틀밭틀길[3]

---

[2] 북쪽에서 불어오는 큰바람
[3] 논두렁 밭두렁의 꼬불꼬불하고 좁은 길

3
버들강아지 움트지는 소리 전
비닐 농막을 지으려 한다

자연의 심술도
함께 정다운 친구
차도 마시고 오수도 즐기고

한켠은
농기구 두고 종자 보관용 냉장고도 두고
땀 흘려 배고픔
라면도 몇 개 넣어 두고

시골 나부리
글도 읽고 생각 떠오르면
한자 쓰기도 하고

그나 저나
쩐錢이 걱정되는 한가한 오후

4
비닐 농막 한켠에
표고버섯 몇 송이 키울까 한다

굴밤나무 두 토막 구해 놓고
구멍 뚫고 씨균도 사야 한다

버섯농장 사장님
이년은 걸린다는 엄포에 주눅 들었다
재배기술

표고버섯 두 토막 옆
수경 딸기 두통은 아직 잠들어 있다

둑에는
감 사과 대추 석류 한 그루

아마도
어중이는 열매 보지 못할 것이다

5
농기구 다루는 교육 받아야 하고
씨 뿌려 돌보는 법도
입소문 들어야 한다

몇 번의 실패는
책 읽고 몇 자 쓴 것으로 달래려 한다
덤이라고

전문가 찾아
산천 여행도 가야 한다
또한 덤이다

하루가 빨리 지난다
머릿속이 가득하다
늙을 막
할 일이 많아 좋다

농촌연구소 박 주무관도
마을 이장님도
부녀 회장님도
차 한잔

오늘도 쉼이 없다

장산

반바지에 슬리퍼 끌고 삐뚤게 쓴 매꼬자[1]
허발이에게 큰 가슴 연 당신
마음 길 따라 한자 읽고 한자 쓰고
맺힌 이마의 땀방울 위해
시원한 바람 보내준
당신
참 고맙소.

반쪽 두부 곁에 두고
시원한 막걸리 한잔 나누는 만남이 어렵소
언젠가 하산 길 삐끗
몇 해가 지났것만 아직은 하산이 조금 불편하오
나볏치[2] 못한 가벼움을 일러 준 당신
부끄럽고 미안하오.

모든 것 다 내어주고
텅 빈 가슴으로 말없이 자리한 당신
때맞지 않은 지금에야 깨달았소

---

[1] 밀짚모자
[2] 몸가짐이나 행동이 반듯하고 의젓하다

팔순 밑 학동
해운대 앞바다 내려다보이는
간혹은 남의 땅도 훔칠 수 있는
바위틈에 누워 당신을 노래하오

지하철 대학

살아 있다는 것을 잊은 사람은
많은 이 잠든 시간
지하철 첫차를 타 보세요

살아간다는 것을 잊은 사람은
많은 이 잠든 시간
지하철 첫차를 타 보세요

지난至難 날 잊고 싶은 사람은
많은 이 잠든 시간
지하철 첫차를 타 보세요

삶에 지쳐 잊고 싶은 사람은
많은 이 잠든 시간
지하철 첫차를 타 보세요

새벽 처음 출발하는 지하철에는
최고 대학의 명 강의실이 있습니다.
칸 마다마다에 철학 박사가 가득가득합니다

잠자는 꿈
밖으로 끌고 나올 명강의
지하철 대학에는 수많은 꿈을 키우고 있습니다.
어리석은 당신은 모르고 있을 수도 있습니다

비싼 수업료 내지 않습니다.
박사 교수도 비싼 교재도 없습니다.
승객 모두가 교수요 교재입니다

듣는 것
보는 것
졸고 있는 모습도
고성으로 서로 싸우는 모습도
살아 숨 쉬는 강의장입니다

이런 풍경 좋아
새벽 무임승차하는
나는
욕심 많은 청강생입니다

지부지처

쬐끔
늘어난 술자리 주량
우리 집 할마씨

어느 날
"지부지처"를 외쳤다
볼그란 얼굴로

그라고 물었다
무슨 뜻

"지가 부어서 지가 처마신다"

반백 년 밥상머리 앞
그런
할마씨 밉지가 않더라

지하철 소묘素描

1
부끄런 넥타이가 안절부절이다
반짝이는 구두코 역시
바지 끝 속으로 감추려 하나 자꾸만 내민다
한자리 더 차지한 작은 가방
두리번거리며 갈 곳을 찾아 헤매는 눈이다

귀 꽂지 않은 손전화 소리 크다
제법 멀리까지

전철 안
쩍벌 노신사

2
내리는 자者
기다리는 나를 두고
뒤 선 아지매
잽싸게 먼저 들어가 버린다

남은 한자리
겸상兼床한
행운의 미소

불편한 미소

매일 매일의 출근길 풍경
똑같다

3
무슨 하고 싶은 얘기가 많은지
옆 사람 아랑곳 않고
웃고 떠들어 댄다
아지매들이

호기심에 잠깐
귀 빌려줘
가만 들어보면
영감 욕하는 소리
내 귀에는 반어反語로

깨소금
씰데 없는 소리들

4
여행 차림의 영감님
점잖아 보이는데
귀 꽂이 없이 손전화
그침이 없다

들리는 소리
잠깐 귀 빌려주니
역시나
쓸데 없는 소리

5
코끝 닳은 안전화
도시락 배낭 울려 메고
부석한 머리에 손 가지 않은 수염
흙 묻은 작업복
내릴 역 놓치지 않으려 비벼대는 눈
고개 숙이는 눈꺼풀
오늘 일에 감사의 인사

용케 일자리 잡은
이웃 일용공 영감님

6
얼굴에 묻은 가난의 티
애써 지워내려고 가다듬은 맵시

손가방 속에는
단무지 든 멸치볶음 도시락 향기

이웃 미화원 할멈

신나는 발걸음

7
뒷머리 단단히 묶고
운동화 끈 동여맨 밝은 모습
사랑 노래 부르는 오선지 악보

이웃 딸내미
가벼운 발걸음
새벽 알바

8
중년 여인 대 여섯
깔깔이며 배꼽 잡는다
"문 끼라라"

오매
"알라 똥 쌌다"
휘둥이는 서울 새댁

봄비 오는 날
산책길 소묘
경상도가 아니라 갱생도[1]란다

[1] 경상도의 사투리 발음

그 옛날
손바닥 엄마 수첩 속
꼬부랑꼬부랑 빛난 글씨

연상
뒤따르는 미소

9
와 그래 몸이 뚱뚱해 졌노
잘 무어서가 아이고
몬 무어 갓꼬
부어서 뚱뚱해 보이는 기라
왜정 말기에 물-끼[2] 없어 가지고
들판의 나물 살마 묵던 때처럼

한 영감은 난청인가 보다
며칠 전
허리 아픈 할마씨 위해
안마의자 산 것을 자랑
100만 원이나 줬다고

평안한 표정의 보릿고개
꽃다운 색시 옷고름

[2] 먹을 것이

머릿속 그리는 수채화

어느 날 아침
출근길 전철 안 소묘

우리네 뒷길
서민의 그림자

10
노인석 두자리 차지한 노 영감님
눈을 감고 세사 명상 중
시작이 틀렸다

옆자리
지팡이 부끄러워 졸면서 동행 명상
자리 찾는 꼬부랑 할멈
지팡이 불뚝 일어섰다

허리 안개 붙들고

11
새벽 5시
모처럼 지하철 첫차
웬 사람이 이리 많지
옆에 선 중년의 남성

청소 아지매 경비 할배 건설현장 일용공 새벽 알바 학생
들이란다
저쪽 한켠에
실직한 등산객 패거리도 있다.

오전 10시
짙은 선글라스 백 바지 흰 운동화 고급스런 운동 백
두 사람 앉는 좌석 중간 걸쳐 손전화 삼매경
있어 보이는 사모님
기사 양반 어디 두고
전철 안에서 내릴 때까지

오후 3시
진한 화장에 중년 여성
5분 이상 손전화
영감님 욕 소리 자식 자랑
간혹
큰 소리 웃음
누구와의 통화일까

오후 4시
두 자리가 비었다
잽싸게 달리는 아줌마
차지한 자리 옆
뒤늦은 친구 위해 가방 놓고
이리 오라고 큰소리 외친다
멋쩍은 웃음

대한민국 아줌마 모두
학생들 엄마도 우리와 같단다.
앞에선 여학생들에게

오후 6시
노인석에 앉은 두 영감님
돈 마이[3] 벌었나?
대답 대신
슬픈 고개만 흔든다
백발의 여정이 아름답지만 않아 보인다.

오후 10시
올라탄 중년의 신사들
한잔 술에 얼굴이 붉다.
회사 상사 씹어대다 비틀거린다.
승진 또 미끄러졌나 보다
아마도

자정 막차
전철 객차 하나 모두
안방인 양 떠들어 대는 젊은 두 여인
유년 시절의 친구 아닌 듯
흥보다 지쳐
고개 끄덕이며 졸고 있다.

---

[3] "많이"의 경상도 방언

무지렁이 우리 아닌
높으신 양반도 보고 있을까?
아무런 쓸모가 없지만

전철 속 하루 풍경
괴딸아비[4] 일기장

[4] 이력이나 내력을 알 수 없는 사람

편지

청개구리가 동네 문방구를 뒤졌으나 사지 못한 고급 한지를
삐까뻔쩍하는 큰 도시 백화점에서 겨우 구했다
한 달 치 양식을 팔았다
생각나는 친구 선배 후배들에게 소식을 전하고 듣고 싶었다
기억에 있는 데로 정리해보니 아직은 제법 몇 줄이 되었다
멋지게 쓰고 싶어 먹 갈아 달 밝은 밤에 가막쏘[1] 옆 정자
에 앉았다

막새바람이 참 좋다
미리내[2]가 아름답다
덤바우골 미사리[3] 되어 묵정밭 가꾸고 있다
그대는 어떠한가

당내[4]에
따디미[5] 되어 목발우 안고 산천 유랑하는 김삿갓 되었다
달애비[6]가 되었다
메나리[7] 부르는 멧부엉이[8] 농사꾼 되었다

[1] 물이 고인 웅덩이
[2] 은하수
[3] 산속에 사는 털 많은 자연인
[4] 내가 살아 있는 동안
[5] 가짜 승려
[6] 수전노

덤바우골 산골 시인 되었다

청개구리 붓 편지
붓방아[9]라

보내지 않을 편지

---

[7] 논밭에서 일하며 흥겹게 부르는 농요
[8] 어리석은 시골뜨기
[9] 글을 쓸 때 생각이 잘 떠오르지 않아 붓대만 놀리고 있는 것

한뉘

갈등이 눈앞에 앉아
이리저리 가을 낙엽이다

보내는 가을 함께 노니는 꿈속
갈 곳 없으니
내 가슴에 머문다

남의 손 더듬지 않고
생각나 찾아온 스쳐 간 인연
편안히 보내 드리고

그래도
따리꾼 한번 되어 봤었으면
이 가을 보내기 전
먼 길 지나온 나그네
씰데없는 넋두리

비틀거리다 멈춘
이 나이의 쩐錢의 철학
낙엽 되어 뒹군다

가을걷이
품 안이 한없이 좁다

제3부

보암보암

가로등2

첫사랑 아픈 상처를 못 잊어 선가
봄비 오는 늦은 밤
골목 끝자락 가로등
홀로 불 밝히며 기다리며 서 있다
창문 사이 불빛
잠든 지 오래인데

이제는
빗속 꽃바람일 때
가로등 불빛 가슴 안고
훌훌 떠나 버리면 좋으련만

애써
눈물 감추는 가로등
하아얀 꽃잎 하나
춤추며 떨어진다

돼서는
나그네 발걸음

5월에

잠에서 깨어

어둠을 품은 하늘과
이름 모르는 보금자리
마을 앞 숲정이

산들바람에
가볍게 손짓하는 나뭇잎 함께
5월의 푸름 안은
상큼한 내음

산자드락 길
제멋대로 흐르는 사유의 시간
함께
아름다운 세상

푸름 속
생각이 하 많아
잠시나마 눈 감은 망각의 자유

명주바람 타고 친정 가는 새색시

하늘에 한 점 구름
함께 나선 길
발걸음
생각 따라 사뿐거린다

아름다운 숨소리

가을걷이

갈등이 눈앞에 앉아
이리저리 가을 낙엽이다

손 잘 비비는 기술도 있었으면
대관 집 드나드는 능력도 있었으면
기부도 좀 하고
술값도 밥값도
척척 잘 내는 사나이도 한번 되어 보고
멋진 별장으로 초대도 해보고

보내는 가을 함께
노니는 꿈속
갈 곳 없으니
내 가슴에 머문다

남에게 빌리지 않고
잊지 않고 찾아오는 친구 선후배
소주 한 잔
편안하게 보내고

그래도

따리꾼 한번 되어 봤었으면
이 가을 보내기 전
먼 길 지나온 나그네
씰데없는 넋두리

비틀거리다 멈춘
전錢의 철학
낙엽 되어 뒹군다

가을걷이 품 안이 한없이 좁다

갑질

"죄송 하미데이"
고개 숙인 목소리

손가락질에 앙칼진 목소리로
갈구질[1] 해대는 젊은 논
무슨 까닭
돌아서는 발걸음 무겁다

뽐내는 야비다리[2]
보이지 않는 웃음으로 화답
박사 경비 아저씨

숟가락 가르친 애비어미가 지[3]
숟가락 배울 새끼가 지[4]

---

[1] 사람을 약삭빠르고 묘하게 괴롭히거나 못살게 굴다
[2] 보잘것없는 사람이 제 딴에 가장 만족한 듯이 내는 교만
[3] 숟가락 가르친 애비어미가 지 → 지 애비어미가 가르친 숟가락
[4] 숟가락 배울 새끼가 지 → 지 새끼가 배울 숟가락

공생3

한나절 심은 강냉이밭
서산 넘는 저녁놀
논두렁 앉은 노부부
막걸리 한 잔

불청객 까치 부부 두리번두리번 눈치
방금 심어 둔 씨 강냉이 냄새
저녁 만찬을 즐기려는 심산

염치는 있어
왔다 갔다를 반복
알쏭달쏭 농부의 마음
잎 샘 바람이 스쳐 지난다

와 눈치 비이나
쪼매이 만 묵고 가래이
우짜겠노
같이 살아야제

깊게 핀 주름골
미소 꽃 핀다

나부리[1] 어깨동무

[1] 노을

능깽이 숲

비바람의 짓궂은 인사
가득한 미세먼지도
보쌈 삼아 어디론가 데려갔다
상큼한 하늘이 새 단장 하고
삽상颯爽풍 어깨동무해
내 곁으로 와 있었다
아픔 뒤의 선물이다

실그러짐1)은 침몰이다
저울추의 몸부림은
조작에 대한 역습으로 다가온다.

깐줄기2)를 읽지 못한다.
악보 없는 지청구 노래는
이기의 변호
이타는 이른 단풍놀이 떠났다

조작으로 생겨 난 치우침
욕망의 찌꺼기를 남기고

1) 한쪽으로 비뚤어지거나 기울어지다
2) 속에 깔려 있는 표현

도돌이표[3] 굴레를 씌웠다
가진 게 없어 아무것도 할 수가 없다
시답지 않은 글쟁이로 아픈 가슴을 안고
쌓아둔 쓰레기 속에 가쁜 숨을 내쉬고 있다

숲의 역습에
모두는
능깽이[4] 되었다

---

[3] 반복 부호
[4] 알면서도 모르는 척 시치미 떼다

달은

당신은 누구십니까

어머니 품속 이려는가
누님의 포근한 미소던가
누이의 수줍음이던가
당신은 누구십니까

초가삼간 한 칸 내어 살고픈
때 묻은 마음 씻겨주는
지친 가라지[1] 고향길 어둠 밝히는
당신은 누구십니까

뒹구는 낙엽 길 안내하는
섬돌 밑 귀뚜리 노래 밤새 들어주는
산 길가다 구절초의 행복 준
당신은 누구십니까

따듯한 가슴에 믿음은 마음에
물질의 노예가 되지 않게
대 자유의 깨달음을 준
당신은 누구십니까

삶이란
여수旅愁의 노래

[1] 밭에 나는 잡초에 비유하여 별 볼 일 없는 곁붙이

도망 달

달과 별이 제 잘났다 다툼하더니
사이좋아 단봇짐을 쌌다
도시는 잿빛이다

등잔불 옆 반디 불이가
집 생각에
고향 생각에
무너진 다리를 건너보려니
어렵다

참
난감하다
거꾸로 선 도시

도망가는 도시락

짠지 한 쪽
부끄러운 나는
친구들 앞에 나서지 못했다

회사 뒷산 좋아한 나는
주전자 따라나섰다가
약수 말아 못난 얼굴 내놓았다

친구들과 동행하고픈 나는
멸치볶음만이라도…
약수터 그늘에서 가난을 읊조리며
꿈꾸었던 작은 바람을 노래했다

반찬통 없는 나는
딸가닥 소리도 없었다
약수 좋다고 식후 한 잔씩
사연 모르는 친구들
고마워했던 옛 그림

가방 속 내 멋진 도시락
당근 파프리카 사과 고구마 등등 두어 쪽

두유도 있다

한 모퉁이 돌면
또
다시 보이는
도망가는 도시락

되돌이

아직은 멀었는데
이울져 나뒹구는 풋머리

지형이 바뀌고
지도도 쬐끔 삐뚤고
맑은 서녘 하늘 개밥 바라기 빛나고 있다

개울 옆 자리한 졸가리
우듬지 앉은 까치 외롭다
할퀴고 간 개울 따라
찢긴 산책길 가을벌레
이른 노래 애잔하다

서덜 된 앞마당
백구와 할멈
하늘 한번 앞 개울 한번
버거스렁이[1] 함께하는
눈가에 볕뉘의 미소
보암보암
지청구를 내민다.

[1] 비가 온 뒤 바람이 불고 기온이 낮아지며 시원해지는 현상

다녈밤[2]
싹쓸바람[3]이 한판 놀고 갔다.
읽지 못하는 무지렁이
되돌이표 아픔

[2] 짧은 밤
[3] 태풍

땅농

버들치 노니는 곳
육자배기 아우르란다

땅농[1]
식구들 잠에서 깨어나
키 자랑
다투는 소리 즐겁다

자연 앞뒤 머물며
겸손도 배우고
소재素材도 일구고
나눔에 즐겁다

땅농이다
농장이라 씨불대니
할멈이 지워 준 이름이다
떼까리[2] 부리서라도
농장이 좋다

봄밤
미소 놓고
저 멀리 달아난다

---

[1] 땅콩만큼이나 작은 텃밭(필자)
[2] 억지

밥

경제학 등 타고
편의성 효율성 옆구리 찌르고
기계화 자동화
붕어빵 찍어내는 밥

인간은 사라지고 사람만 남아
할머니 표 시래기 밥
보이지 않는 곳
숨어 울었다

지랑해
흙담 굴뚝 사리사리
밥 익는 내음
멀리멀리 소풍 가 버렸다

당내
대 자연의 노여움
밀림 속 수렵 생활
찾아올까 두려울까 좋을까

역사의 강은 머물지 않는다
선지자 고뇌도 함께 흐른다

벚꽃2

아름답고 화사華奢하다
일찍 떨어지는 아쉬움
나비춤 되어 자꾸만 허공을 맴돈다

노변路邊에
짓밟히고 뒤집어쓰고 마신다
쉬이 떨어지지 않는
이름 없는 우리
장송곡 뒤로하고 만장輓章 날린다

흙 친구 함께 뒹구는 것
참 멋진 것이네
너무 애쓰지 말게나
자네

잡초
역설의 가르침을 일깨운다
대자연 여정 속의 일막극一幕劇
잊고 사는 것이 평온임을 알아 간다

지난 비

씻지 못한 흙투성이
가슴으로 안는다

자네의 본질
침묵하더라도 알고는 싶다
잡초 넋두리

보암보암

화해의 손길
아직
두 눈에 서리 내린다

갈 길 가려다
한 켠
이울지지[1] 않는 정 그리워
잠깐 도선[2] 당신
뒤돌아보지 않으려면
긴 그림자 낳지 않으려면
지청구
불어오는 바람 속으로 소풍 보내게나
부부란 게 그렇지 않나

어렵지 않네
보암보암[3] 눈 버리고
가슴 시키는 대로 살려무나

여보게
참 좋은 개똥밭일세
볕뉘[4]도 있을 걸세

[1] 꽃이나 나뭇잎이 시들다
[2] 바람이 방향을 바꾸다
[3] 이모저모로 보아서 짐작할 수 있는 겉모양
[4] 작은 틈을 통하여 잠시 비취는 햇빛

봄 처녀

보리밭이랑 사이
봄바람 살랑살랑
저 너머 헛것 본
달빛 속 멍멍이 소리

열여덟 순이 가슴 기다림에
싸리 문짝 열고 닫고

오는 봄
쉬엄쉬엄 걸음
먼 곳에서 숨 고르기하고 있나 보다

달덩이 낭군님은

세요고 細腰鼓

이웃의 고통을
가슴속으로 흐르는 불후의 명곡이라 이름하여
두 귀를 크게 열고 열반의 세계로 동반 여행을 즐기고 있는 자
당신은 어떤 존재입니까

현명하게 태어나
세사世事를 지배하는 당신
타인의 아픔이 그렇게나 즐거운가요

회초리로 손찌검으로 주먹으로 때로는 발길질로
두들겨 맞아 울음 웁니다
아우성 뒤의 여음에
아름다운 소리 있다고 더 세게 두들깁니다
한 서린 민초의 울음소리
음미하며 명상에 잠기는
당신은 무슨 존재입니까

존재의 내면을 모르는 당신
두들겨 맞아 뱃속의 소리를 모두 토해 버린
나의 이름은 세요고 입니다

둥당둥당 두당당
이 내면의 소리
현명한 당신은
알고도 모릅니다

싹쓸바람[1)]

비와 바람이 한판을 놀다간 자리
호들갑들 무지렁이들
자연의 반격에 침묵한다

전錢이 춤을 춘다
개발의 그림자 곁에
유혹의 부채 바람이 혀를 날름거린다

욕망의 끝자락
짧은 시간
작은 안락은 얻었다

순리의 역행
역습이 시작되었다
뜨거워지고
빙하는 홍수로 변하고
사막에 눈도 내린다

늦은 되돌림의 신호를 보내지만
지구 만들기 깨춤에
전錢의 어깨가 두둥실 거린다

눈 뜬
어리석음만 가득하다

1) 태풍

안개(잠에서 깨어)

무얼 숨길 수 있을까
무얼 감출 수 있을까

떠나보내고 싶은 이 있을까
떠나 버리고 싶은 것일까
허울 쓴 가면을 벗어나고 싶은 것일까

무슨 일이 벌어지고 있는 것일까
것조차 모르는
놀림가마리 존재의 역설
살랑대는 봄바람 궁뎅이
한 움큼 쥐어 잡고
안개 속으로 빠져든다

"미쳐버린 칼춤이 난무하는 세태
가볍게 입을 노리는 것은
스스로 천박함을 자인하는 것"
돌아서는 안개가 주고 간 고언苦言이었다

안개들만의 잔치
흐르는 눈물도 있다
다만
보이지 않을 뿐이다

우동천[1]

성불사 쇠 북소리 계곡 따라 마실
숲정이 노랫소리 못다 한 사연

길가 핀 코스모스
담벽 기대 익어가는 감
떨어 구르는 낙엽 귀 즐거워
까마귀 임 찾는 소리
서툰 시인이 되어
예쁜 미소 보낸다

산둥이 넘어
유랑하는 흰 구름 따라 무념의 시간
단골 쉼터 앉아 글 한 자 펼치니
왕벌 한 놈 찾아와
코앞에서 친구 하자 보챈다

등산객 내어놓아
우동천에 어둠 내린다

---

[1] 해운대구 우2동 주민센터에서 성불사 오르는 길따라 흐르는 천

은행

푸르름 안고 상쾌함을 선물하고
미운 놈 뱉어
싫다 않고 반겨 준 그대

노란 옷 갈아입고
인간 마을로 나들이 가니

무심한 발길에
옛적의 고운 자태
미움 되어 갈 길 없네

주소 없는 편지

이 가을 보내기 전에
세상사 부대껴
머릿속 잊혀 있었던 인연
기억 만들어 편지를 쓴다

소식 전하는 이들도 아니다
보내고 싶은 곳은
주소도 모른다
찾을 방법도 없다
쓰지만 보낼 수 없다

고운 한지를 한 묶음 샀다
이 늦은 가을에

주소 없어
보낼 수 없는 편지를 쓴다

초대받지 않은 손

왜일까
한참 궁금했다
탐스럽게 익어 맛있어 보이는 놈은
새끼손가락 반쯤이나 구멍이 한둘 난
홍시가 되는걸

농막 창으로 시원한 바람
멍 때리는 오후 한때
인기척 없는 몇 포기 토마토 밭
참새가 앉았다 가고
간혹
까치도 놀고 간다

요놈들이
그냥 놀다 간 게 아니다
머리가 나보다 좋아
다홍치마만 목 추기고 간다

괘씸 타만 내 집 온 손님
산도야지 고라니 비해
제법이나 염치가 있다

친구 하여 좋은 시간

이 글에
더함의 소리가 있다

1급수 갓바치 버들치 산골 마을
보기 싫어 눈 감고
듣기 싫어 귀 막고
말하기 싫어 침묵으로 변한 강산 보내고
다큐지오[1]로 못다한 파란별 여행했다
흰머리 날리며
산촌으로 주유천하
시골 시인 간판 단 움막정자 생겼다

뒤로한 세상
이 아침 맞는다
붓방아마저 놓는다
흙투성이의 주장이 옳지 않았음 좋겠다

---

[1] 다큐멘타리+지오 그래픽(필자)

제4부
발탄강아지

가리느까

난독亂讀 중 손에 든 미풍
깨달음은 한동안
도떼기시장에서 헤어나지 못했다

눈에 밍씨 백힌 걸[2] 모르고
더듬수 놓다가
가차바졌다고 생각한 글쓰기
출랑대는 갈대 바람보다 가벼움이었다
넘사스럽다

뽐내고 싶어
또디기[3] 같이 나풀거렸다
다문[4]
몇 푼이나마 옳을 걸 찾아
고뇌한 흔적이라도 남겼으니
인생은 술 한잔 내어놓았다
가리느까[5]

어느새
노을이 진다

[2] 사리판단을 잘못하다
[3] 조금 모자란 사람
[4] 조금이라도
[5] 때늦께, 이제야
1), 2, 3), 4) 모두 경상도 방언

가으내[1]

임들은
스르륵거리기만
흙으로 돌아가지 못한다
꾸며진 도시
이울져 떨어진 졸가리 깐줄기[2]를
당신은 아시나요

오동잎 가두기[3] 소리
막새바람[4] 뒤따르는 뒤울이[5] 오기 전에
하잔한[6] 늙마에 깨닫기도 하려 마는
작은 그릇 위에
비워내지 못한 마음이 더해 차 버린 곳간
더 담을 수 없는 사연을
당신은 아시나요

핀잔 젖음[7] 그림자 떠나보내고

[1] 가을 내내
[2] 말이나 글에서 겉으로 드러나지 않고 속에 깔려 있게 하는 표현
[3] 가랑잎
[4] 가을에 부는 신선한 바람
[5] 북쪽에서 부는 바람
[6] 잔잔하고 한가롭다
[7] 부끄럽다

댑바람[8] 맞아
한 나이테 더해가면
겸손하기만 한 이 자연의 순환을
당신은 아시나요

삽상颯爽하지만은 않은
이 가을 보내기 전에

---

[8] 북쪽에서 불어오는 큰바람

가을 나그네

어깨동무한 낙동강 한 모퉁이
어린아이가 되었네
저녁놀이 우리 곁을 찾아와
흰 눈 내린 머리 함께
즉석 연인이 되었네

또르르 구르는 한 잎
옆자리 남길 수 있는 기쁨
군생群生
집 지어 주고
한 끼 식사도 되어 주고
가을 놀 타고 서산재 넘는다

숲정이[1] 합창 소리
달빛 따라서 와 운치 덧셈
한 가닥 더넘바람[2] 속
희미한 그림
고향 집 돌담 풍경

길 잃은 가을 나그네
잠 못 이룬다

[1] 마을 근처에 있는 숲
[2] 초가을에 서늘하게 부는 바람

가을

가만 다가온 낙엽
내 마음 훔치고
저만치 달아난다

잡을 수 없어 좋다
햇볕이 좋다
익어가는 내음도 좋다
정한 곳 없는 발걸음도 좋다

막새바람[1] 친구 하여
홀로 나선
이 길이 그냥 좋다

이 가을에
나는
매꼬자[2] 쓴 나그네

---

[1] 가을에 부는 신선한 바람
[2] 밀짚모자

길목 비

가을 가고 겨울 오는
사이 길목에
뚝비[1] 내린다

가는 이의 떠나보냄 인사
오는 이의 손 내미는 인사
사이 훼방꾼 하나
창문 사이로 찾아 든 소리에
한동안 멍 때리는 시간

훼방꾼이라도 좋다
벽에 붙어 정물화 된 고장 난 시계처럼
멈춤이 있어도 좋다

작은 빗줄기 모여
개울 되고 강 되어 바다가 되는 길목을
훼방꾼 하나 나서도
나쁘지 않음을
멈춤 되지 않음을

[1] 장대처럼 쏟아지는 비

눈감아
머릿속 모두를 비워 낸다

곁 떠난 자리
다시 오지 않음을
우리는 안다

나그네

보리밭 이랑 사이
달빛 흐르고

숲정이 노랫소리
은하수 되어

맘 갈길 잃은 길손
함께 잠든다.

놀림가마리 꿈

1
더 오른 중턱에
삼간 억새집 짓고
곁 식구
멍멍이 음매 염소 꼬꼬댁

도라지 더덕 능이
한 바가지 송이도 내어놓는다
바람 소리 귓가에 놀다 간 후
서녘 색 구름[1]
오늘 한 장 넘긴다

달구리[2] 즈음 산 새소리
초슬목[3] 먼 곳서 달려오는 저녁 종소리
깊은 밤 홀로 우는 산울음 소리
산山 교향곡 되어
쉴 틈 없는 귀

---
[1] 노을이 비껴 아름답게 물든 구름
[2] 새벽닭이 울 무렵
[3] 초저녁

등 꼴망태 메고
물물교환 쪽지는 머리에 이고
산山 선물 내놓고
먼저는 곁 식구 생각
읍내 오일장

그냥
자유를 품에 안았다
이름 모를 두메산골

어느 날
놀림가마리⁴⁾ 꿈속 일기장
한 마당 두메산골

2
통통배 여나무대⁵⁾ 낮잠 방파제
비껴 선 한쪽 몽돌 교향곡
서녘 나부리
갈매기 날개 짓 붉다

풋 거리 내어 준 다랑 언덕배기
한 바람막이 용用

⁴⁾ 남의 놀림거리가 되는 사람
⁵⁾ 몇 척의 배

억새 삼간 둘러싼 대숲
느긋한 바람 타고
세월 함께 익어 간다

때로는
폭풍에 놀란 파도도 있다
포구 오솔길도 데려 간다
시멘트 포장도로가 생겨나기도 한다

손바닥 포구
바람 가르는 갈매기
찜에 빠져 통발 속 들어 온 놈
가식 없는 대자연
한잔의 막걸리 맛

고마움 심술궂음도 모두 그린다
글쟁이 되어
멋대로
작은 포구 벗하며 살고 싶다

어느 날
놀림가마리 꿈속 일기장
두 마당 어촌 포구

3
폼 잡고 깨춤 추는 초라니⁶⁾
높이 잊은 건물이 뒤뚱거린다
깨어난 도시민의 향연
역설이다

경매 잘해 근사한 아파트로 이사 간 감바리 허 사장
공매 잘해 시골 농지 빼앗은 각다귀 우 사장
부실채권 잘해 제법이나 큰 공장 사장이 된 건공잡이 마 사장
같이 미친 손바닥이 동조한다

굴티이⁷⁾ 묵정밭 마련하여
서산 지랑해⁸⁾ 나부리⁹⁾ 함께
얼럭밥¹⁰⁾에 산 막걸리
꿈꾸는 붓방아¹¹⁾ 따르는 한필閑筆
끄레발¹²⁾ 끌떡붓¹³⁾ 멋쩍어 길 잃었다

바람 타고 여행 다니다 떨어진 괴딸아비¹⁴⁾

---

6) 행동거지가 경망스럽고 가벼운 사람을 비유
7) 시골 구석진 골짜기
8) 해 질 무렵
9) 노을
10) 잡곡밥
11) 글을 쓸 때 생각이 자 떠오르지 않아 붓대만 놀리고 있는 것
12) 단정하지 못한 몸치장이나 헙수룩한 몰골 또는 옷차림
13) 끝이 거의 다 닳아서 없어진 붓
14) 이력이나 내력을 알 수 없는 사람

전錢을 붙잡아
온 세상 가진 꿈을 꾸었다

어느 날
놀림가마리 꿈속 일기장
세 마당 군상群像들의 노래

4
시장 통
허수룩한 며느리 선지 국밥집
남녀노소 직장인 등산 갔다 오는 이
줄 서는 집

우동천 따라 성불사 오른다
계곡물 소리
하늘 소풍하는 바람 소리
성불사 울림 남기는 종소리
지랑해 노스님 목탁 울림도 좋다

작은 도서관 만들고
잠깐의 쉼에 마시는 커피 한잔은 무료
줄 서는 며느리 선지 국밥집
2호점

어느 날
놀림가마리 꿈속 일기장
네 마당 선지 국밥집

5
피부색이 희고 검다
얼굴 모양이 조금씩 다르다.
얼마부터
우리 주변의 흔한 풍경

밤 지새는 젊음으로
선진국 기업 공부 차
그때
떠오르는 그대의 모습

시골 성당 한 켠에
옹기종기 모여든 꿈 안은 자者
어린아이 옆에 끼고
젖먹이 가슴 품은 우리말 교실
마을버스 1시간 걸어 20분

하느님 곁 아닌 자

시골 성당의 재능 기부 선생님
아직
마음 한구석은 사람이었나 보다

어느 날
놀림가마리 꿈속 일기장
다섯 마당 우리말 선생님

6
네 뒷산 정상도 무리다
겨우
중턱까지다

시대를 거른 혁명적인 꿈을 꾸었다
반백 년 전
지구촌 오지 마을 가는 길

못다 한 여정을 시작한다
온전치 못한 조건
가는 곳마다
문명의 이기를 동반

티벳행 천상열차

홀로 시베리아 횡단 열차
안데스를 넘고
카레가 없는 인도를 본다
아마존의 원주민
아프리카 국립공원
남태평양의 무인도
북극 오로나
남극 펭귄

닭울녘 눈 비비니
꿈을 꾸었나 보다
이름 없는 숙소에서
머릿속 그림 그렸다
한필閑筆로 한없이 즐겼다
마음만 떠났다

어느 날
놀림가마리 꿈속 일기장
여섯 마당 지구촌 여행

동반

숲정이 재잘거림에 잠 깨어
개울 소리 옆에 끼고
함께 하루를 연다

푸성귀 밭은
어김없이 멧돼지 고라리 놀이터
아까운 건 하나 없네만
모두 파헤쳐 끝장
부처님 먹을거리 어디에도 없다

이놈들아
공부 좀 더 하거라
무지렁이인 나도 나누는 걸 아는데
자연 벗하는 깊은 산 도인인
자네들 많이 배우지 않았나

얄밉다
그래도 같이 살고 싶다

다시
씨 뿌리려 한다

민들레

보이는 것만이 진실인 양
쉬이 믿어 버리는 이 중생을
어찌하오리까

깊숙이 간직한 진주를
시들방귀 취급하는 어리석은 이 중생
또한, 어찌하오리까

아름다운데 아름답다 못하는
득보기 생각 가진 이 중생은
또한, 어찌하오리까

화사한 모란꽃 그림자 품고
짜리몽땅 노란 민들레 피었더라
바라보는 이 없어도 외롭다 않더라

깨우침의 시샘
실천 자격증 없어 헤매는 망중한

민들레 사연

버들치 사는 집

다듬지도 않은
묘비명도 없는 비석
여럿 누웠다

지진이 난 듯
우르렁 우르렁

1급수 웅뎅이
내 집이 방구1)로 흙으로 묻혔다
나도 피하지 못했다

무단 침입한 뜰채 잡은 꼬맹이
무던히 설쳐대던 모습
그립다
그때는 살았다

붉게 색칠한
하천정비 공사 팻말

1) 바위의 경상도 사투리

붓방아 타령

세상 첫울음
환희의 소리도
두려움의 소리도 엇부러기[1]
겁질을 깨고 나와 파르르 떤다

10년의 고뇌 끝에
1년의 산고로
세상 밖으로의 여행조차 웃음가마리
들려 오는 바람 앞에 서걱이는 갈대

관객보다도 무대에 오르는 자가
하 많은 외출은 굴곡의 길
백지 위 덧칠해
깐족거리며 나열대는 언어
부개잡히어 두둥실 뜨 다닌다

쌓여 갈수록 시름 깊은 사유
읽히지 않는 글자랑 보다는
어거해 품위 있는 한 조각 남기고 싶다
핀잔 젖음[2]을 벗어 던지기 위해

[1] 아직 덜 자란 숫 송아지

조금씩은 도사리 않음을 깨닫고 싶다

언제 올지도 모를
그날을 기다리며
움츠려 붓을 놓는다

2) 부끄럽다

보이는 것만으로

잘생긴 얼굴에 풍채도 한몫
밖으로 내 뿜는 화사함에
눈 가는 곳 거두었다.

짜리몽땅 못생긴 얼굴
안으로만 영글어
보아 주는 이 없어 외로워했다
눈 가는 곳 내버려 두었다

모란이 피었다
오월의 여왕, 부귀, 화려, 왕자의 품격
보이지 않는 곳 모두 모두
봄 속으로 소풍 나와
속 빈 마음은 가식의 천국
뜯고 치고받고 할퀴고

아래 모퉁이
노란 민들레 피었더라
초가삼간 지붕 위에 물바가지 쥐여 주는 박꽃처럼

화사함이 싫은 것이 아니다
깊숙이 간직하여야 할 품격마저 얼굴로 내밀어
내공을 모다 잃은 텅 빈 가슴이 싫을 뿐이다

산소2

풀 내음 대신 쩐錢의 구린내
바람 타고 날리는 쩐錢의 내음
작은 주머니에서 나와
큰 주머니 속으로 우르르

우로는 배 부품 만드는 공장
좌로는 마사 공장
앞뒤로는 무얼 만드는지 모르는 공장
희한하게도
굴뚝에는 연기가 나지 않는다

포장도로도 나
간혹
고급 승용차들이 빵빵 오간다

산새 소리
바람 소리
꿀밤 떨어지는 소리
어디론가 떠난지 오래

허리 잘린 산자락 눈물이
반지하 방
라면을 끓이고 있다

세시歲時 반칙

그렇게도
뽐내고 싶소이까
아직은
눈 내리고 영하의 날 지속인데

홀로
즐기는 고고孤高
당신이 밉지는 않소

저 너머 남녘
봄 오는 소리 함께
산책길 비탈 언덕
변덕쟁이 매화 피었다

반어反語만 떠 올리는 가슴
우울하다

일월 가기 전
어느 날

연식年式

윗집 할매는 쓰지 않았다는 물
아랫집 할배는 끼니때마다
천정에서 떨어지는 누수 불만
오늘도 다툰다

몇십만 수리비가 아까운 할매
아프다고 병원 가얀 다는 할배
연식이 오래됐으니
여기저기 고장이 난다고 울상인 할매
지난 세월을 어찌하라고

견디고 견딘 아파트 배관이
체중을 지켜온 무릎이 아우성
오늘도
여기저기 터져 수리를 요청한다

연식에 비례한 쩐錢의 싸움이
우리를 슬프게 한다

울 마나님2

논밭 다 내어주고
영감님께서 물려 준 집까지 내어주었다
코딱지 빌라에 사는 남천동

조방앞이 받는 연금이 부러웠다
쬐끔 내는 세금이 아까웠다

남천동 친구가 가엽다
울 마나님 생각
영감 앞에서 소주 한 잔 마신다

올가미 씌운 새끼가 지(←)[1]
숟가락

---

[1] 지 새끼가 씌운 올가미

이런 날에는

1
일곱 남짓 비닐 농막
빗소리는
장구 북 꽹과리 합창 아리랑
덧셈하는 뻐꾸기 개구리 운다

선인先人의 수상록 한 권
온기 퍼지는 차 한잔
위로받는 형이상학

우중雨中
어중이 시인의 오후 한때

이런 날에는
이런 꿈을 꾼다

2
먹는 것이 모자라
일찍 성장을 멈추고
세대 이을 준비를 한다
닮은 우리네 세상

욕심이 앞섰다
밀도가 높다
바탕이 부족하다
실패한 쑥갓이랑 파헤치며
한 수를 덧셈한다

간혹
스쳐 지나는 지구촌 아동兒童
도움 청하는 그림자
발길이 닿지 않는 구석구석이 많다.

흰머리 친구 하는 소나기
관심을 실개천으로 실어 나른다

이 누구의 작품일까?
붓으로 표현할 수 없는
안타까운 초침秒針 소리

이런 날에는
이런 꿈을 꾼다

3
이런 생각 어떠하오
동행치 않는 구름 한 조각

높은 곳으로만 흐르는 당신은 어떠하오
티끌 속 때죽나무 한 송인들 어떠하오
버들치 함께 노니는 꿈은 어떠하오

태양이 둘이라면
그런 세상은
또한
어떠하오

해 질 녘
서산마루 함께 넘는 뻐꾸기 울음
노을이 좋다

이런 날에는
이런 꿈을 꾼다

4
거짓과 사기가 춤추는 곳
좁은 땅에 많은 씨 뿌린 원죄

광활함의 여유
절로 터득하는 풍요로움
좁은 가슴이 부끄럽다

있는 데로의 자연

보지 못하는 어리석은 자
가르침은 있으나 공존은 없다

머릿속 욕망은 밀도를 높인다
이른 파괴 앞에
손씀이 부질없는 세사世事

절반을 파헤치는
상처 이랑의 비극

뺄셈을 한다
아니
덧셈을 한다

이런 날에는
이런 꿈을 꾼다

5
왔다 갔다 달구비[1]
소리가 없다

일곱 평 남짓 농막 안

[1] 밤에 퍼붓듯이 힘차게 쏟아지는 비

불청객 청개구리 운다
소리가 없다

농막 옆 흐르는 개울
성난 물소리
버들치 아우성 소리
소리가 없다

모두
묵언 속으로 속으로
타오르는 사색의 심연深淵

선인先人의 수상록 한 권
차 한잔
위로받는 야윈 형이상학

우중雨中
어중이 시인의 오후

이런 날에는
이런 꿈을 꾼다

장고杖鼓

배고픔에 날마다 울었다
영양실조 개미허리를 두고는
천하일색이라 칭찬을 아끼지 않는다
미워 또 한 번 울었다

아픔의 소리를 토해내고 있다
당신은 언제나 진실을 외면한다
알고 있지만 모른다고 한다

어젯밤 꿈
도구통[1] 허리가 되어 나타나
풍요의 미소로 인사
시선은 반사되어 날아가지만
이런 날 좋아한다고 수줍게 돌아앉는다

가식을 버린 당신
가식을 품은 당신
노래처럼 전언
이상한 세상에 사는 당신

---

[1] 절구의 경상도 방언

두들겨야 소리 내는 당신
그 고통의 소리를
아름답다 현혹합니다
가식을 품은 당신입니다

참 가식이 많습니다
당신의 세상입니다

좋은 생각인데

아파트 승강장 입구 안내문

"필요하신 분
필요 만큼만 가져가세요
농약 없이 청정 지역에서 키운 농작물입니다"

큼지막한 소쿠리 가득
여기저기 옹기종기
도마도 오이 가지 상추 파 깻잎 옥수수 고추

부처님 생각인데
주위 사람들 손사래

고맙다 인사 대신
"뭘 이런 걸 내어 놓았소"
잘 먹고 시비
더하여 파출소 신고

산산조각 된
어중이 농부의 개꿈

표절

글 쓰는 곳
남의 것 슬쩍

마음 와닿는 글 있어
필사해 둔 것
하릴없이 멍 때리는 시간
읽고
또 읽는다

내 글 속에
바뀌어 얼굴 내밀면
표절
창작

뜻이 같으면
순서가 바뀌고 모습이 달라도
따져보면 모두 손아귀 못 벗어나
가질 게 한낱 없으니
마음이 가는 곳 따라
밖으로 얼굴 내민다

참 어렵다
도둑 되는 길
아닌 길

쉬운 답이 없다

황성명 시인의 시 세계
첫 시집 『촌놈 생각』을 읽고

문인선

 옛살라비, 순진무구한 시절의 고향 같은 이상향을 꿈꾸는 그의 시는 먼저 크게 세 가지 특징을 갖는다.
 먼저, 시집 제목이 재미있다. "촌놈," 시골 남자를 낮잡아 이르는 말(사전적 의미)이다. 황성명 시인은 이 "촌놈"을 스스로 그것도 첫 시집에서 쓰고 있다. 그만큼, 그는 겸손하고 순수하고 점잖은 시인이다. 그가 스스로 촌놈이라고 할 정도로 순결한 시골에서 나서 컸어도 중국 대륙까지 나아가 사업을 한 사업가이기도 했다. 그런 그는 보기 드물게 아직도 겸손과 겸양이 몸에 밴 시인이다. 자신을 내세우는 법이 없다.

 두 번째 그의 시를 읽으면 백석을 떠 올릴 만큼 방언과 순우리말이 많이 등장하고 있다. 지금은 사라져가는 방언, 우리 언어의 귀한 보존자료가 될 수도 있겠다. 언어는 민족의 얼과 공동체의 자존과 역사가 담긴 상징적 소통의 무기다. 그럼에도 세계화니 선진화니 하여 자국 언어보다 외국어인 영어에 열을 올리는 작금의 세태에 사라져 가는 방언를 지키려는 자세가 희귀할 만큼 귀하여 고맙기까지 하다.

세 번째는 장시이다. 장시를 쓴다는 것은 그만큼의 시를 끌고 나가는 필력도 필력이겠지만 어떤 사건(정황)이나 대상에 대해 깊고 폭넓은 관찰 내지는 사유를 했다는 거다.

이제 그의 인품과 정신이 녹아 있는 그의 시 속으로 들어가 보겠다.

1. 순진무구한 어린 시절의 고향을 그리다

굴티이 물기 있는 곳
손바닥 크기 논
한 줌의 쌀은 보물같이 아껴 둬
할아버지 제사용

자드락 농사
얼럭밥 도시락
읍내 친구 쌀밥 도시락에 부끄러워
찬장 한켠 숨겼다

어깨 멘 보따리 책보 달랑
도시락 놓고 싸리문 나서는 어린 손자

마중하는 할머니 지팡이
달구리 학교 가는 길 풍경
몰래 숨어든
삶은 고구마 감자 큰 밤톨

서너 재 넘는 고갯마루
마라톤 등굣길 허기 막이
할머니 표 도시락

구메구메 숨겼다
씨익
짝지 순이에게 슬그머니 큰 밤톨 하나

휘자진 얼럭밥 추억
그립다

- 「얼럭밥」

 그는 늦깎이 시인이다. 그가 자란 시대에는 다들 어려웠고 시골의 문명은 더욱 그러했을 것이다.
 얼럭밥이란 잡곡밥이라 한다. 요즘 현대인들은 건강식품으로 잡곡밥을 먹지만 그 시절에는 쌀농사를 제대로 짓지 못하는 사람들은 쌀밥을 먹을 형편이 못돼 잡곡밥을 먹을 수밖에 없었을 것이다. 「고매 도시락」이란 시 제목에서도 볼 수 있듯 그러니까 넓은 평야를 가진 부잣집이 아닌 산골 사람들은 논보다 산을 개간하거나 해서 밭을 일구고 사는 경우가 많아 쌀 보다는 감자 고구마 등 잡곡으로 식사를 대용했을 것이다. 그럼에도 조상을 섬기는 정신은 갸륵하여 귀한 쌀은 보물처럼 제사용으로 아껴 둔다고 한다. 그리하여 화자의 학교 도시락도 얼럭밥이다. 그러니 어린 마음에 읍내 친구 쌀밥 도시락을 보며 부끄러워 숨길 수밖에. 그런 어린 손주에게 정 많은 할머니는 몰래 고구마, 밤 한 톨 책보 속에 넣어 주곤 했나 보다. 여기서 몰래 넣어 주었다는 것은 그만큼 고구마 한 톨도 흔한 것이 아니었다는 것이겠다. 그것을 할머니는 잘 챙겨서 손주 도시락 가방에 가족 몰래 넣어 주는 사랑을 잊지 않는다.

이 얼마나 정겹고 따뜻한가. 또 이 시적 화자는 그 밤 한 톨 먹고 싶었으나 어린 마음에도 짝지 순이에게 씨익 내밀었다고 한다. 이 얼마나 순정한 마음인가. 아름다운 소설 같고 영화 같은 시다. 독자도 순진무구한 옛 영화를 보는 듯하다. 이렇게 삿 된 마음이란 끼어들 틈 하나 없이 커 온 소년은 어른이 되어서도 정 많고 바른 성품의 소유자임은 당연하다. 다음 시를 보자

    풍요가 잉태한 세사世事
    망각한 배고픔의 가치

    주소도 없는
    학교 뒷산 자리한 호롱불 자취방
    청과물 경매장 토마토 한 소쿠리 팔고
    고등어 몇 마리 사 들고 불쑥 찾아오신 어머니
    뚝딱뚝딱 저녁상 차리고는
    막차 전 서둘러 떠나셨다

당내
두 번 다시 없을 최고의 밥상

어떻게 찾았냐고 묻지 못했다
몇 시간을 묻고 물어 헤매었을 것을
밥상 앞 돌아앉아
붉어진 눈시울을 몇 번을 훔쳐냈다

첫 월급 타 고향 가는 길
저녁 밥상 앞
아들 번 돈이라 좋아한 미소 뒤

비치는 이슬
꿰맨 흰 저고리 옷깃을 적시었다
우리 어머니

소박한 밥상
실존의 철학을 담아
세상을 바꾸는 꿈의 원동력

밥상의 인문학 자리

- 「밥상 인문학」

    그렇게 산골의 한 마을에서 자라서 도시 유학을 갔을 때의 이야기다. "주소도 없는 학교 뒷산"이라는 시구에서 알 수 있듯 아마도 무허가 허름한 집에서 자취를 했나 보다. 그러니 주소가 있을리 없는데 어머니는 아들 걱정에

물어물어 찾아왔겠다.

  토마토 한 소쿠리 장에 이고 나가 팔아서는 그 돈으로 고등어를 사서 아들 생각 먼저하고 땀도 닦지 못한 채 달려왔겠다. 그때의 밥상은 "당대 두 번 다시 없을 최고의 밥상" 화자에겐 어머니의 지극한 사랑과 반가움과 감사함이 비벼져서 최고의 밥상으로 남는다. 어찌 당대뿐이랴 아마도 지금도 그 밥상은 최고의 밥상으로 그래서 더 잊지 못한다. 어머니는 아들이 감격하며 먹는 모습을 보며 또 초라한 자취방서 제대로 못 먹고 공부하는 아들 생각하며 속울음 운다. 눈앞에 훤히 영상으로 떠올라 독자도 가슴이 찡하게 울린다. 그렇게 자란 아들 첫 월급 받았을 때의 그 감격에 어머니는 또 울었으리라

  부모와 자식의 사랑이 절절하게 잘 그려진 시, 울림이 큰 시다.

  이렇게 그의 유년 시절은 곤궁한 환경이었으나 순정하고 아름답기 그지없었다. 부모와 할머니 등 가족과의 진한 사랑을 시화한 아름다운 흑백 영화 같은 시편들이 독자를 감동케 한다. 시인은 그때를 더 그리워하는 것이다.

2. 삼인행필유아사三人行必有我師를 실천하다

  그의 시는 대체로 살아온 삶과 현재 살아가고 있는 삶에 대해 일기처럼 쓰여진 시편들이다. 그러니 그의 시는

곧 시인의 역사요 삶이요, 시인 자신이라고 할 수 있겠다.

그럼, 그는 평생 어떤 자세로 살아왔을까?

三人行必有我師, 공자님의 이 말씀을 교훈으로 삼은 것 같다. 그의 시, 지하철 대학을 읽으면 능히 짐작이 간다. 평생 반듯하게만 살아왔을 것 같은 인품, 늘 조용하면서도 점잖은 그는 공자님 같은 성품에 가장 가깝게 다가간 시인이다.

> 살아간다는 것을 잊은 사람은/많은 이 잠든 시간
> 지하철 첫차를 타 보세요
>
> 지난至難 날 잊고 싶은 사람은/많은 이 잠든 시간
> 지하철 첫차를 타 보세요
>
> 삶에 지쳐 잊고 싶은 사람은/많은 이 잠든 시간
> 지하철 첫차를 타 보세요
>
> 새벽 처음 출발하는 지하철에는/최고 대학의 명 강의실이 있습니다./칸 마다마다에 철학 박사가 가득가득합니다
>
> 잠자는 꿈/밖으로 끌고 나올 명강의
> 지하철 대학에는 수많은 꿈을 키우고 있습니다.
> 어리석은 당신은 모르고 있을 수도 있습니다
>
> 비싼 수업료 내지 않습니다./박사 교수도 비싼 교재도 없습니다.

승객 모두가 교수요 교재입니다

듣는 것/보는 것/졸고 있는 모습도
고성으로 서로 싸우는 모습도/살아 숨 쉬는 강의장입
니다

이런 풍경 좋아/매일 새벽 무임승차하는/나는
욕심 많은 청강생입니다
　　　　　　　　　　　　　　-「지하철 대학」

　새벽 지하철을 타고 여러 군상의 모습에서 그는 교훈을 얻는다.
　"듣는 것/보는 것/ 졸고 있는 모습도/ 고성으로 서로 싸우는 모습도/살아 숨 쉬는 강의장입니다."라고 말한다.
　공자님의 말씀 三人行必有我師를 실천하는 사람에겐 이 모두가 스승이고 교육장이 된다.
　"살아간다는 것을 잊은 사람도, 지난至難 날 잊고 싶은 사람도 삶에 지쳐 잊고 싶은 사람도" 새벽 첫차를 타 보라고 권한다. 그 곳에서 사람 사는 모습들을 보고 힘을 내거나 용기를 얻게 될 것이라는 것이다. 새벽 첫차라면 가장 열심히 사는 소시민들의 모습을 보게 될 것 같다. 그래서 다른 사람들의 사는 모습을 보고 나를 성찰하고 돌아보라는 것이겠다.
　長詩인「전철 속의 소묘」에서는 새벽 5시 첫차부터 자정까지 시간대별로 전철 속 소시민들의 모습들을 동영상처럼 스케치하고 있는 것이 재미있다. 시에서 알 수 있는 것은 시간대별 전철을 타는 부류도 각각 다르다. 첫새벽은 청소 아줌마, 경비 할배, 건설 현장 일용 공, 알바 학생들이고 10시에는 "짙은 선글라스 백바지 흰 운동화 고급스런 운동 백" "있어 보이는 사모님"등이다. 오후 3시 4시에는 교양 없이 떠들어 대는 아줌마들, 10시엔 술에 취해 상사를 씹어대는 셀러리맨, 이렇게 시간대별 승차하는 부류도 다르다. 그만큼 삶의 양태가 다르다는 의미를 내포하고 있는 이 시는 일일이 그들의 행동을 그려낸 재미있게 읽히는 시다.

그의 시 「상相」에서 언제부턴가 타인에 대해 내면의 세계가 외면으로 다 보인다는 그는 사람들의 행동과 태도에서 그 너머의 세계까지 읽어내고 있다. 그러면서 시인 자신은 배울 점과 버릴 점을 찾아 자신을 다졌을 것이다.

3. 자연과 함께 공존하며 베푸는 삶의 시

그는 이제 퇴직한 말년에 이모작을 위해 시골인 고향에 돌아갔나 보다. 자연을 벗 삼고 농사를 지어보자고 작정했겠다.

땅농/식구들 잠에서 깨어나/키 자랑/다투는 소리 즐겁다

자연 앞뒤 머물며 /겸손도 배우고/소재素材도 일구고/
나눔에 즐겁다

땅농이다/농장이라 씨불대니/할멈이 지워 준 이름이다
/떼까리 부리서라도
농장이 좋다

봄밤/미소 놓고/저 멀리 달아난다

- 「땅농」 일부

밭에서 자라는 식물들을 "땅농 식구들"이라 부르는 화자는 자연에게서 겸손도 배우고 나눔에 즐겁다고 한다.

작은 땅에 농사를 지으면서 "농장"이라 우겨대니 시인의 부인은 농장이 아니라 "땅농"이라고 일러준다. 땅콩만큼 작은 땅이란 뜻이란다. 여기서도 "떼가리, 씨불대니" 등 사투리가 정겹다. 또한 서로 우기는 부부의 모습도, 정겹고 화해로운 모습을 그대로 드러내고 있다. 읽는 독자까지도 흐뭇해진다. 그의 시 「공생3」을 보자

불청객 까치 부부 두리번두리번 눈치 /방금 심어 둔
씨 강냉이 냄새
저녁 만찬을 즐기려는 심산

염치는 있어 /왔다 갔다를 반복/알쏭달쏭 농부의 마음
/잎 샘 바람이 스쳐 지난다

와 눈치 비이나/쪼매이 만 묵고 가래이/우짜겠노 /같이 살아야제

깊게 핀 주름골/미소 꽃 핀다
- 「공생3」 일부

눈치 챈 까치가 다 먹어 치웠나보다. " 염치는 있어 /왔다 갔다를 반복/알쏭달쏭 농부의 마음/잎 샘 바람이 스쳐 지난다//와 눈치 비이나/쪼매이 만 묵고 가래이/우짜겠노 /같이 살아야제"

강냉이 심자 마자 왔다갔다 하는 까치보고 "와 눈치 비이나 쪼매이만 묵고 가래이" 한다. 그러면서 "우짜겠노 같이 묵고 살아야제" 얼마나 인정 어린 마음씨인가. 이 자연 친화적 자세는 까치보고도 공생 공존, 같이 나눠 먹고 살자고 한다. 전혀 화를 내거나 짜증을 볼 수가 없다. 저 너그러운 마음이 읽는 독자도 흐뭇하다. 결연에서 "깊게 팬 주름골 /미소꽃 핀다" 고 한다. 화자도 오히려 함께 나눠 먹는 마음이 즐거운 것이다. 이 여유, 이 사랑, 어디다 비교할까. 아름다운 세상이 바로 거기에 있다. 그러던 그도시 「동반」에서

"푸성귀 밭은/어김없이 멧돼지 고라리 놀이터 /아까운 건 하나 없네만
모두 파헤쳐 끝장/부처님 먹을거리 어디에도 없다"
…이렇게 되니 이제야 겨우 나무라는 말

"이놈들아/공부 좀 더 하거라/무지렁이인 나도 나누는 걸 아는데/자연 벗하는 깊은 산 도인인/자네들 많이 배우

지 않았나" 라고 한다. 멧돼지 고라니도 사람과 똑 같은 인격체로 대하고 있다.

그들 멧돼지, 고라니 등을 "산속의 도인"이라고 부른다. '나도 나눌 줄 아는데 어찌 자연 벗하는 자네들이 그걸 모르느냐고 공부 좀 더하라고' 점잖게 타이른다. 이런 명대사가 어디 있나?

이 귀찬 명대사를 이 시적 화자는 실제로 생활 현장에서 쓰는 것이다.

이러한 자연 친화적 시인은 동물, 조류에게도 나누던 인심과 정을 같이 사는 사람들, 이웃에게 나누고 싶은 마음이 부처님 마음으로 연꽃처럼 피어올랐을 것이다.

아파트 승강장 입구 안내문

"필요하신 분/필요 만큼만 가져가세요
농약 없이 청정 지역에서 키운 농작물입니다"

큼지막한 소쿠리 가득/여기저기 옹기종기
도마도 오이 가지 상추 파 깻잎 옥수수 고추

부처님 생각인데/주위 사람들 손사래

고맙다 인사 대신 /"뭘 이런 걸 내어 놓았소"/잘 먹고
시비
더하여 파출소 신고

산산조각 된/어중이 농부의 개꿈
- 「좋은 생각인데」

위에서 본 바와 같이 동물이며 조류까지 나눠 먹고 살고자 한 마음 이번엔 이웃들에게 나누고자 했다. 그랬으니 땀흘려 지은 농사 토마토 오이 가지 상추 파 깻잎 옥수수 고추 등을 큼직한 소쿠리 한가득 멀리 시골에서 도회까지 싣고 와서 아파트 승강장 앞에 놓아두고 안내문까지 써 붙인다.

"필요하신 분/필요만큼만 가져가세요/농약 없이 청정
지역에서 키운 농작물입니다"

"고맙다 인사 대신 /"뭘 이런 걸 내어놓았소"/잘 먹고
시비/
더하여 파출소 신고"

얼마나 고마운 일이언만 먹고는 고맙다 인사 대신 파출소에 신고를 하더란다. 부처님의 마음으로 나눠 먹겠다고 했던, 정을 나누고자 했던 그 마음에 실망과 상처가 얼마나 컸을까 싶다.
"산산조각 된 /어중이 농부의 개꿈"으로 가차없이 만들어 버린 건 이 시대의 살벌하고 몰인정한 얼굴이다. 선의 베품도 어쩌다가 의심의 눈초리로 바라보고 적의를 갖고 의심부터 하는 세상이 돼버렸는지 참 안타깝기 그지없다.
시인은 주변의 만류로 이 좋은 생각을 실천하지 못한,

마음속 희망으로만 새겼단다.

필자는 문득 유년의 부모님이 떠올랐다.

명절이 다가오면 아버지는 광을 열어 쌀을, 어머니는 남새밭에서 푸성귀를 캐어 온 동네 나눴다. 필자는 이집 저집 다니며 우리 집에 자루 갖고 오라데예. 소쿠리도 갖고 오라데예! 하고 신이 나서 사발통문을 돌렸다.

그런 시절은 이제 옛 전설이 되어버리고 푸성귀 하나라도 눈을 부라리며 재화로 생각하는 시대가 되었으니, 위 시와 같은 현상도 생길 수 있었을까

오히려 의심의 눈초리로 무슨 나쁜 음모가 있는 건 아닐까 하고 신고를 했나보다. 인심 좋고 정 많은 우리나라, 우리 민족이여, 어디 갔는가? 이렇게 한 건물 안에 살면서도 이웃 간에도 경계의 벽을 굳게 쌓고 있는 시대에 우리가 살고 있다는 것을 느끼니 새삼 슬프기 짝이 없다.

"경제학 등 타고/편의성 효율성 옆구리 찌르고/기계화 자동화/붕어빵 찍어내는 밥//인간은 사라지고 사람만 남아/할머니 표 시래기 밥/보이지 않는 곳 숨어 울었다" (시 밥 일부) 그랬겠다. 경제학 논리에 밥도 붕어빵 찍어내는 시대, 인간은 사라지고 사람만 남았다고 그는 개탄한다. 그 음식이야 다소 거칠었는지 모르지만, 할머니 시래기국밥을 먹던 시절이 그리워 화자는 숨어 운다고 한다. 부처님 마음으로 나누고자 했던 그 마음이 처참히 짓밟혔을 때, 서로 믿고 정 나누고 살던, 진실한 사람들이 살던 그 시절 순진

무구한 그 시절이 견딜 수 없이 그리웠을 것이다.

4. 순수, 인정을 찾아서

정직과 순수 순정한 사람이 놀림가마리가 되는 세상 놀림가마리가 된다 해도 정 나누고 살고 싶은 시인은 부부애도 정겹다. 세상에 상처받아도 우리는 서로 위로하며 살자고 했겠다.

> 쬐금 /늘어난 술자리 주정/우리집 할마씨
>
> 어느날/지부지처를 외쳤다/볼그란 얼굴로//그라고 물었다
> 무슨 뜻?//"지가 부어서 지가 처마신다"
>
> 반백 년 밥상머리 앞/그런/할마씨 밉지가 않더라 -지부지처

정이 많은 사람은 유머가 많은 법, 술도 못하던 부인이 어느 날 술을 살짝 하고 "지부지처"를 외쳤단다. 그래 놓곤 무슨 뜻? 하고 시인에게 묻는다. "지가 부어서 지가 처마신다" 이 속된 말이 전혀 속되게 느껴지지 않고 독자에게 웃음을 선사한다. 두 부부의 화해로운 모습이 선연히 아름답게 느껴지기 때문이다.

3
품 잡고 깨춤 추는 초라니
높이 잊은 건물이 뒤뚱거린다
깨어난 도시민의 향연
역설이다

경매 잘해 근사한 아파트로 이사 간 감바리 허 사장
공매 잘해 시골 농지 빼앗은 각다귀 우 사장
부실채권 잘해 제법이나 큰 공장 사장이 된 건공잡이
마 사장
같이 미친 손바닥이 동조한다

굴티이 묵정밭 마련하여
서산 지랑해 나부리 함께
얼럭밥에 산 막걸리
꿈꾸는 붓방아 따르는 한필閑筆
끄레발 끌떡붓 멋쩍어 길 잃었다

바람 타고 여행 다니다 떨어진 괴딸아비
전錢을 붙잡아
온 세상 가진 꿈을 꾸었다

어느 날
놀림가마리 꿈속 일기장
세 마당 군상群像들의 노래
　　　　　　　　　　　-「놀림가마리의 꿈 3」

먼저 위 시「놀림가마리 꿈」은 1에서 6번까지 있는 장시로 한적한 곳만 찾아다닌 기행시다. 첫 마당은 두메산골 둘째 마당은 어촌 포구를 셋째 마당은 군상들의 모습을 드러낸 시이고 넷째 마당은 선지 국밥집이며 다섯째 마당은 시골 작은 성당에서 다문화 가족들을 위한 한국어 가르치는 무료 봉사, 6째 마당은 지구촌 오지 여행이다. 여기서는 그중 3번째와 여섯째 마당을 살펴보려 한다

군상들의 노래라고 한 이 셋째 마당은 하나같이 재주 있어 돈은 벌었으나 뭔가 좀 인격적으로 부정적 사람들이다. 경매는 잘하나 감바리 허 사장, 공매 잘해서 시골 농지 빼앗은 각다귀 우 사장에다 부실채권 잘하는 건공잡이 마 사장이니 말이다. 여기에 동조하는 건 같이 미친 손바닥이란다. 손바닥은 누구의 비유일까? 세상쯤 되겠다.

> 굴티이 묵정밭 마련하여/서산 지랑해 나부리 함께/얼럭밥에 산 막걸리 /꿈꾸는 붓방아 따르는 한필閑筆/끄레발 끌떡붓 멋쩍어 길 잃었다

거기에 아무래도 끄레발 끌떡붓이 어울릴 수가 없어 멋쩍을 수밖에. 그러니 길을 잃을 수 밖에. 여기서도 시인의 마음 자세가 보인다.

한적한 산골 묵정밭이라도 마련해서 선비의 길 시인의 길을 가보고자 한 꿈, 그러나 거친 세상과 함께 춤출 수 없으니 길도 잃고 실망도 하고 절망도 한다.

여섯 째 마당에선 시대를 거스르는 혁명적 꿈을 꾸었다고 한다. 반문명의 오지를 찾아가려고 하니 말이다. 이 시대에 온전한 오지가 있을까. 한적하고 작은 시골만 찾던 그가 드디어 완전 오지를 찾아간다.

티벳행 천상열차
홀로 시베리아 횡단 열차
안데스를 넘고
카레가 없는 인도를 본다
아마죤의 원주민
아프리카 국립공원
남태평양의 무인도
북극 오로나
남극 펭귄

신나게 오지 여행을 했는데 알고 보니 꿈속, 머릿속 한 필로 즐겨 그렸더라고
한다. 결구에서 "놀림가마리 꿈속 일기장"이라고 스스로 밝힌다.
이 시는 도연명(365~427)의 도화원기에 나오는 무릉도원을 떠올리게 한다.
무릉도원이 혼란스런 상황을 벗어나 이상향을 찾고자 한 인간의 욕망을 그린 것이라면, 선의의 베품도 함부로 할 수 없는 이웃과 이웃도 경계하는 사회, 인정도 재화로 환산되는 사회, 사기와 협잡, 온갖 부정적 이미지로 들끓는 이 현대 사회에서 원시적 순수로 돌아가고픈 욕망이

오지 여행을 꿈꾸었으리라. 하여, 황 성명 시인은 문명된 인간의 세계보다 매정하고 속물화된 인간의 세계보다 인간의 때가 덜 묻은 오지를 여행하고픈 욕망을 드러내고 있다 할 것이다. 순수 자연과 벗하며 인정을 찾고 싶은 시인의 간절하고 답답한 마음의 표출이라 하겠다.

> 맺힌 가슴의 강물은/막새바람 타고 소풍 떠나고/어느새 백발을 헤아린다
> 붓으로 꽃밭 일구는/어중개비 글쟁이라도 되고파/곱게 접은 낙엽 함께 만지장서滿紙長書 보낸다/나에게//
> 피죽바람 보릿고개 넘어/한 점 부끄럼 없었던/지각 대장 나의 길//그리고/아름다운 늦깎이의 길"(길1)에서 보여주는 의지적 고백처럼 그는 늦깎이 시인, 열심히 잘 살아온 그가 이제 시인의 길을 가는 모습은 아름답고 자랑스럽다.

不爲也非不能也! 맹자의 말씀처럼 우리가 그동안 할 수 없는 것이 아니라 하지 않은 그 일을 황 성명 시인님, 그가 하고 있다. 그는 그냥 시인이 아니다. 겉으론 단 한 번도 내세운 적 없지만 방언을 시에 살려 쓰고 있다. 사라져 가는 우리 말을 살려 보존해 보겠다는 것. 진실로 가치 있는 일이다. 이 시집이 순우리말과 방언 보존에 일조하기를, 또 하나 시인이 꿈꾸는 아름다운 이상향, 순진무구한 옛 살라비, 그 시절처럼, 세속의 때가 덕지덕지 묻지 않은 순수의 정이 있는 사회가 되는데 이 시집이 작은 역할을 할 수 있기를 바라면서 첫 시집 상재를 축하합니다.

황성명 시집

촌놈 생각

초판1쇄 발행 2024년 7월 30일

지은이 황성명
펴낸이 이길안
펴낸곳 세종출판사

주소 부산광역시 중구 흑교로 71번길 12 (보수동2가)
전화 051 − 463 − 5898, 253 − 2213~5
팩스 051 − 248 − 4880
전자우편 sjpl5898@daum.net
출판등록 제02-01-96

ISBN 979-11-5979-698-2 03810

값 13,000원

이 책은 저작권법에 따라 보호받는 저작물이므로 무단전재와 무단복제를 금지하며, 이 책 내용의 전부 또는 일부 내용을 재사용하려면 사전에 저작권자와 세종출판사의 동의를 받아야 합니다.

* 잘못된 책은 교환해 드립니다.